ÉRECTION

D'ARNAGE

EN COMMUNE.

LE MANS

IMPRIMERIE MONNOYER, PLACE DES JACOBINS

—

1851

1881

ÉRECTION D'ARNAGE
EN COMMUNE.

EXPOSÉ DE L'AFFAIRE.

L'importante question de l'érection d'Arnage en commune, poursuivie avec tant d'instance par les nombreux habitants de ce village, ayant été prise l'année dernière en considération par le conseil général de notre département, va être présentée cette année à la décision du même conseil sous un aspect tout nouveau. L'ensemble des pièces que contient notre dossier (1) pourra jeter une vive clarté dans l'esprit de nos juges, dont les qualités de justice et d'impartialité sont connues de tout le monde et appréciées par nous avec un sentiment sincère de reconnaissance.

(1) Sont contenus dans notre dossier :

1º Un exposé de motifs ;

2º Un projet d'érection en commune, et ses conditions ;

3º Trois tableaux des adhérents à ce projet ;

4º Trois plans d'ensemble parfaitement conformes aux minutes du cadastre ;

5º Trois tableaux offrant, en regard des numéros du cadastre, les noms des lieux habités, des propriétaires, des locataires, le nombre des habitants des trois sections comprises dans le territoire de la nouvelle commune.

6º Un nouveau procès-verbal de délimitation du territoire qui composerait la commune d'Arnage.

7º Quatre feuilles de croquis visuel des limites de la commune projetée, conformes à l'énoncé du procès-verbal.

8º Une souscription s'élevant à la somme de 1980 francs.

9º Une pétition des habitants de Mulsanne, favorable à la demande d'Arnage.

10º Une pétition des habitants de Moncé-en-Belin qui demandent à se séparer de cette commune pour être réunis à celle d'Arnage.

1851

Arnage est situé à 9 kilomètres du Mans, sur la route nationale de Paris à Nantes, au point où cette route longe la rive gauche de la Sarthe, et où prend naissance la route départementale du Mans à Saumur. Ce village possède une population agglomérée de 493 habitants, plusieurs hôtels, deux fabriques de briques et de pavés, une de noir animal, 48 patentés. Ses ports, moins importants depuis que la Sarthe est navigable jusqu'au Mans, ont encore des magasins, un commissionnaire responsable, et sont actuellement, comme à toutes les époques de l'année, chargés d'une valeur considérable de marchandises en ardoise, pavés, bois de chauffage, bois rond pour les mines.

C'est à Arnage que séjournent encore la plupart des bœufs qui sont dirigés sur Paris et la Normandie; c'est là que tous les jours les bouchers du Mans viennent faire leurs achats; c'est là également que tous les dimanches et mercredis, pendant six ou sept mois de l'année, les marchands de bœufs, vendeurs et acheteurs, se réunissent pour communiquer entre eux. Aussi des valeurs énormes en argent ou en billets de banque sont-elles constamment déposées dans les auberges.

Nous possédons une église très-convenablement réparée, dont l'achat, les réparations et les agrandissements nous ont, à nous seuls, hardiment coûté 7,000 francs.

Un cimetière et un presbytère reconstruit par nous en 1823, existent également dans notre paroisse, et sont consacrés à l'exercice du culte religieux. La reconstruction du presbytère nous a coûté 3,000 francs. Avant l'érection d'Arnage en paroisse, nous avons, pendant 26 ans, payé de nos propres deniers, *cinq cents francs par an* un vicaire de Pontlieue pour desservir notre église.

Cette situation d'Arnage sur une route nationale, une route départementale et une rivière navigable, semble d'abord très-favorable à la prospérité de ses habitants; mais si l'on examine sérieusement la composition de son territoire, l'on est frappé d'étonnement, et l'on déplore la position tout exceptionnelle de sa population. En effet, au centre même du bourg d'Arnage se trouve le point de jonction des trois communes de Pontlieue, Moncé et Spay, qui elles-mêmes appartiennent aux trois cantons différents du Mans, d'Écommoy et de la Suze.

Ce fractionnement d'Arnage, sa dépendance de trois communes et de trois cantons nous causent des inconvénients et des désavantages faciles à concevoir et que viennent encore accroître les distances énormes qu'il nous faut franchir, malgré leurs difficultés et quelquefois leurs dangers, pour nous rendre à nos chefs-lieux.

D'Arnage à Pontlieue la distance est de près de 7 kilomèt.;
——————— à Moncé, de 5 kilomètres environ;
——————— à Spay, de 4,976 mètres. (1)

Dans le cours de cette grande distance qui sépare Arnage de Spay, il faut, pour se rendre à ce dernier bourg, longer la Sarthe et son canal dans l'espace de 700 mètres environ, et traverser ensuite, dans un bac, la Sarthe, large de 75 mètres en cet endroit. Suivant les diverses saisons de l'année, il arrive que la rivière grossit, quitte son lit, charrie des glaçons ou se couvre de glaces : le bac, alors, ne peut plus opérer le passage d'une rive à l'autre et les communications des deux parties de la commune de Spay sont interrompues pendant tout le temps que cet état de choses existe.

Il est facile de juger, d'après ces distances et leurs obstacles, combien sont laborieuses nos relations avec nos mairies (pour mariages, naissances, décès, etc.).

Deux institutrices, munies d'un brevet de capacité, sont établies à Arnage et ont leurs classes remplies de nos enfants, qui ne peuvent fréquenter les écoles trop éloignées des communes auxquelles ils appartiennent.

Arnage participe à toutes les charges que font peser sur lui les trois communes de Pontlieue, Moncé et Spay, sans pouvoir en recueillir le moindre bénéfice.

Suivant les vœux que nous avons l'honneur de soumettre à l'appréciation éclairée du conseil général, les sections de Pontlieue, Moncé et Spay, renfermées dans la circonscription signalée (*en vert*) sur les plans nouveaux que nous avons fait confectionner cette année, seraient distraites de leurs communes pour être érigées ensemble en une commune distincte et séparée qui prendrait le nom d'Arnage, dont le chef-lieu

(1) Ces distances ont été prises du clocher d'Arnage aux clochers des trois chefs-lieux.

serait au centre, c'est-à-dire au point qui réunit le plus d'habitants et qu'on a coutume d'appeler le *bourg* d'Arnage.

L'étendue du territoire de la commune d'Arnage, telle qu'elle est signalée au plan et au procès-verbal de 1851, serait de 1341 hectares. La distraction que nous faisons à chaque commune est, pour ainsi dire, proportionnelle à son étendue ; en effet, voici la contenance cadastrale de ces communes :

Pontlieue a 2,680 hectares, nous en empruntons...... 680

Moncé — 2,264............................... 530

Spay — 1,545............................... 131

Comme on le voit, chacune de ces communes offrirait encore une étendue plus considérable que la nôtre.

La population exacte de la nouvelle commune serait de 982 habitants, dont 493 sont actuellement agglomérés au chef-lieu. Voici, sous ce rapport, l'emprunt que nous faisons à nos voisins :

Pontlieue a actuellement 3,500 habitants environ, nous en prenons 411

Moncé — 1317 254

Spay — 1090 287

Les 287 habitants qui composent la section de Spay sont tous séparés de ce bourg par la Sarthe, et, à l'exception de 37, font partie du bourg d'Arnage ; c'est par conséquent sur eux que pèsent, de la manière la plus lourde les désavantages de la distance et les difficultés des communications que nous avons cités.

La distraction de ces trois sections, et leur réunion en une commune distincte, aurait lieu sans autres conditions que celles déterminées par la loi du 18 juillet 1837 sur l'administration municipale, savoir :

1° L'église d'Arnage ayant été achetée et payée par les habitants des trois sections de Pontlieue, Moncé et Spay, resterait la propriété de la commune d'Arnage.

2° Le cimetière et le presbytère situés sur la section de la commune de Pontlieue subiraient le sort du territoire sur lequel ils sont situés.

3° La commune d'Arnage ferait un abandon complet de ses droits sur les édifices et les immeubles servant à usage public, situés dans les trois communes de Pontlieue, Moncé et Spay.

Elle renoncerait entièrement au partage des biens indivis qui peuvent être situés dans ces trois communes.

4° De même que la commune d'Arnage ne demande nullement que les communes dont elle se sépare entrent dans les frais qu'aura nécessité ou nécessitera ultérieurement son érection en commune, de même elle désirerait ne point coopérer à la liquidation des dettes de celles-ci et ne leur devoir aucune indemnité.

La commune d'Arnage ferait partie du premier canton du Mans, qui offre le plus d'avantages par son rapprochement et par nos communications faciles et journalières avec le Mans.

Les limites de la commune d'Arnage seraient celles qui sont consignées sur notre plan et dans le procès-verbal de cette année.

Sur Pontlieue, les limites seraient exactement les mêmes que celles de la paroisse actuelle d'Arnage.

Sur Spay, elles comprendraient, au delà de celles de la paroisse, une seule habitation occupée par trois personnes. Cette légère différence nous paraît nécessitée par la limite convenable que nous offre le chemin vicinal nouvellement terminé, qui va de la rive gauche de la Sarthe à la route de Paris à Nantes.

Sur Moncé, la commune d'Arnage prendrait, en dehors de la paroisse actuelle d'Arnage, 157 hectares de territoire dont la population est de 91 habitants. Si nous désirons faire entrer ces 157 hectares *(marqués en violet sur notre plan)* dans le territoire de notre commune, c'est parce que la disposition du terrain nous offre pour limite naturelle un ruisseau ; c'est parce que leurs habitants, tous cultivateurs, ont demandé, tous *sans exception aucune,* en raison de l'éloignement de Moncé et des communications difficiles avec ce bourg, à faire partie de la commune d'Arnage, dont le bourg est beaucoup plus rapproché d'eux ; c'est surtout parce qu'ils ont contribué à l'achat et au paiement de notre église, à ses réparations ainsi qu'à celles de notre cimetière et de notre presbytère ; c'est enfin parce que leurs besoins, leurs intérêts sont les mêmes que les nôtres, et qu'ils ont adressé une pétition à M. le Préfet dans le but de nous être réunis.

Moncé, du reste, aurait encore, malgré cet emprunt, 1733 hectares, c'est-à-dire 400 hectares environ de plus qu'Arnage.

Les frais d'érection en commune, ceux d'une maison d'école et d'une mairie, que nous louerions en attendant que nous puissions les acheter, seraient supportés par les habitants de la nouvelle commune, qui possède à cet effet une souscription qui s'élève à la somme de 1,980 fr.

Motifs à l'appui de la demande.

Nous apprécions toute la valeur des motifs qui jusqu'à ce jour ont fait que le conseil général n'a pas accueilli favorablement notre demande. Nous reconnaissons qu'en principe d'administration il y a de graves inconvénients à créer de petites communes dont les ressources pourraient ne pas paraître suffisantes et dont la population pourrait faire craindre de ne pas trouver les éléments nécessaires pour constituer une facile et bonne administration. Nous savons également qu'une commune ne peut être créée qu'aux dépens de ses voisines, dont les charges restent à peu près les mêmes, malgré l'affaiblissement de leurs ressources causé par cette nouvelle création.

Pour que plusieurs refus donnés par le conseil général, à la demande d'Arnage, n'aient point empêché nos habitants d'insister à la présenter de nouveau, il faut que la plupart des inconvénients précités ne soient point applicables à l'érection d'Arnage en commune, et que de puissants motifs militent en faveur de cette érection ; c'est ce que nous nous proposons de prouver.

La commune d'Arnage, avec le territoire et la population qu'elle emprunterait aux trois communes ses voisines, pourrait facilement faire face à ses dépenses communales. Le produit des centimes additionnels qu'elle percevrait sur les contributions foncière, mobilière, sur les portes et fenêtres et les patentes, serait certainement plus que suffisant pour ses besoins.

La population d'Arnage, assez nombreuse déjà et composée d'un grand nombre de propriétaires unis par les mêmes intérêts, offre les plus grandes facilités pour la composition d'une bonne administration.

Arnage n'empruntant aux communes de Pontlieue, Spay et Moncé que les proportions minimes de territoire et de population que nous avons fait connaître, diminuerait faiblement leurs revenus et leur laisserait largement les ressources nécessaires à leur existence.

Moncé possède un vaste territoire de qualité supérieure, dont le revenu lui a permis de faire de fortes dépenses et fait encore qu'il possède aujourd'hui en caisse une assez forte somme.

La grande et populeuse commune de Pontlieue va trouver prochainement une nouvelle source de vie et de prospérité dans l'établissement du chemin de fer de l'Ouest ; ses terrains vont obtenir une grande valeur ; ses bras oisifs vont être occupés ; ses hôtels se garniront de voyageurs ; enfin Pontlieue va devenir le centre de nombreuses transactions et d'importantes constructions.

Spay, la plus petite en population et en étendue, des trois communes que nous attaquons, reconnaît que ses ressources pourront, sans Arnage, facilement suffire à ses frais communaux. Son conseil municipal, uni aux plus imposés, s'est déclaré favorable à notre projet.

Arnage serait donc une commune aisée qui laisserait à ses trois voisines des ressources supérieures aux frais nécessaires à leur administration.

Le village d'Arnage appartient à trois communes et à trois cantons différents. Cette position anormale est peut-être sans exemple e sans précédent, non-seulement dans notre département, mais encore dans la France entière. Cette dépendance de trois communes est une fiction administrative, car, depuis longtemps, Arnage est réellement le chef-lieu de notre population. L'éloignement de nos chefs-lieux de commune fait que nos rapports avec eux sont réduits à ceux que commande une stricte nécessité. Au contraire, les habitants du territoire d'Arnage sont unis par les mêmes mœurs, les mêmes habitudes ; leurs relations sont journalières et sympathiques, elles sont encore augmentées par l'assistance aux offices religieux dans la même église paroissiale. Leurs besoins, leurs intérêts sont également les mêmes ; les sacrifices que de tout temps ils se sont imposés en commun le prouvent suffisamment.

Sous le rapport judiciaire, la localité d'Arnage a trois juges de paix, trois hommes fort recommandables sans doute, mais dont la manière de voir et de juger ne peut être absolument la même. Dans un cas de délit quelconque, il peut arriver

qu'il devienne embarrassant de savoir à quel juge de paix il
faudra s'adresser pour le réprimer.

Ne serait-il pas bien préférable que la division territoriale
d'Arnage cessât pour faire place à l'unité sous les rapports
administratif et judiciaire ?

L'intérêt général d'Arnage à l'accomplissement de son projet
est démontré par le zèle avec lequel les habitants des trois
sections sont allés, lors des enquêtes qui viennent d'avoir lieu,
déposer leurs suffrages unanimement favorables à ce projet.
Ce qui le prouve encore d'une manière évidente, c'est le résultat
de la souscription qui vient de se couvrir de signatures.

L'érection d'Arnage en paroisse, accomplie il y a quatre
ans, indiquerait seule l'utilité de l'érection en commune, car
il est évident que quand une population agglomérée, distante
de ses chefs-lieux de commune, éprouve le besoin d'une
autorité religieuse, le besoin d'autorités civiles se fait sentir
d'une manière au moins aussi pressante dans les mêmes limites
territoriales.

L'accueil de notre demande augmenterait notre commerce ;
nos chemins de communication avec les autres communes, qui
sont actuellement livrés à l'abandon, deviendraient prati-
cables par nos soins. Dans ce but, les habitants de Mulsanne
ont adressé à M. le Préfet une pétition favorable à notre projet
et signée de la main du maire, de tout le conseil municipal et
des notables de la commune.

Tant de motifs ne plaident-ils pas énergiquement en notre
faveur ? Ne démontrent-ils pas clairement l'utilité d'une
administration communale unique dans un lieu populeux
et situé comme le nôtre, où se rassemblent et commercent tous
les jours un grand nombre d'hommes étrangers à notre département, et sa nécessité pour l'éducation, la moralité et la
bonne direction des esprits ?

L'érection d'Arnage en commune, si ardemment et si unanimement demandée depuis quatorze ans, peut seule faire
disparaître la disgrâce dont nous ne sommes frappés qu'en
raison de la division fâcheuse du territoire que nous habitons.

Réponse aux objections.

Conformément à un arrêté de M. le Préfet, en date du 16 juin dernier, une enquête publique fut ouverte dans le courant de juillet aux chefs-lieux des communes de Pontlieue, Spay et Moncé.

Les objections que ces trois communes font valoir contre notre projet, sont de deux sortes : les unes sont présentées à la fois par les trois communes, les autres sont spéciales à chacune d'elles.

Les premières reposent sur ce que l'érection d'Arnage en commune affaiblira les ressources de Pontlieue, Moncé et Spay; sur ce que 214 habitants ont voté pour le projet d'Arnage, tandis que 705 ont voté contre; enfin sur la perte, pour Arnage, de son importance commerciale.

Nous allons examiner, une à une, ces trois objections, en leur laissant toute la valeur qu'elles nous paraissent mériter.

1° *L'érection d'Arnage en commune affaiblira les ressources de Pontlieue, Spay et Moncé?*

Nous le reconnaissons, cela est exact. Avec le territoire et la population de trois communes, il est évident qu'on ne peut en former une quatrième, si petite qu'elle soit, sans que les premières ne subissent quelque perte dans leur intégralité. Mais quand il sera prouvé, comme nous espérons le faire, que l'intérêt général d'Arnage l'emporte sur l'affaiblissement minime que son érection en commune occasionnera à chacune de ses voisines, devra-t-on être arrêté par cette considération ? Assurément non, à moins de vouloir rester dans un *statu quo* perpétuel. Du reste, nous l'avons déjà établi, la distraction du territoire que nous désirons faire à chaque commune est proportionnelle à son étendue; il en est de même encore pour Pontlieue et Moncé, sous le rapport de la population ; de manière que, des quatre communes, Arnage sera la moins étendue, et, après Spay, la moins populeuse. Si nous empruntons 287 habitants à Spay, c'est que leur agglomération dans le bourg d'Arnage, sur la rive gauche de la Sarthe, nous y oblige.

2° *214 habitants ont voté pour le projet d'Arnage, tandis que 705 ont voté contre ?*

Ce fait est vrai, mais pour ne pas lui faire dire précisément le contraire de ce qu'il exprime, nos adversaires auraient dû loyalement ajouter que ces 214 voix sont celles des habitants de la circonscription territoriale d'Arnage, et que les 705 autres voix appartiennent aux communes réunies de Pontlieue, Spay et Moncé.

Nous ne nous sommes jamais abusés au point de croire que les habitants dont nous voulons nous séparer voteraient pour nous; nous ne comptions pas même sur les abstentions qui ont eu lieu en notre faveur; nous ne comptions que sur l'unanimité de nos suffrages et sur le zèle que nous avons mis à les déposer.

Pontlieue, Moncé et Spay représentent *(déduction faite d'Arnage)* une population de 4925 habitants environ, dont 705 ont voté contre notre projet. La future commune d'Arnage offre une population de 982 habitants dont 214 ont voté pour notre projet. Il suffit d'établir une proportion entre les chiffres de la population et les votes exprimés, pour voir que, pour équilibrer 214 voix, ce n'était pas 705 que les communes réunies devaient leur opposer, mais bien 1073 voix.

Ces chiffres, au lieu d'être favorables à nos adversaires, ne sont-ils pas éloquents pour nous ? Si les habitants de Pontlieue, Spay et Moncé, n'avaient qu'à quitter leurs travaux pendant quelques intants pour aller déposer leurs voes, il n'en était pas de même pour les nôtres, qui devaient quitter leurs récoltes, les livraisons de leurs foins et faire plusieurs lieues pour émettre leurs suffrages. Un tel zèle, un tel ensemble ne peuvent être expliqués que par un intérêt général puissant et par l'enthousiasme qu'inspire une bonne cause.

3° *Arnage a perdu de son importance commerciale ?*

Nous avouons que les transactions qui se font actuellement à Arnage sont beaucoup moins nombreuses que celles qui s'y faisaient avant que la Sarthe fût navigable jusqu'au Mans. Nous avouons également que l'établissement du chemin de fer de Nantes à Paris nous a d'abord causé quelques torts relativement au passage des bœufs, mais on ne peut pas dire que le commerce d'Arnage est nul aujourd'hui. Notre port est constamment chargé de marchandises, il suffit de lire la pétition des habitants de Mulsanne pour être convaincu de cette vérité. Le tarif du transport des bœufs par la voie de fer étant reconnu trop élevé par les marchands, Arnage a vu s'accroître considérablement, cette année, le passage de ces animaux, et plus tard, lorsque le chemin de fer de l'Ouest sera terminé, tous les bœufs qui devront prendre cette voie séjourneront à Arnage comme ils séjournent au Pont-de-Cé avant de se rendre à la gare d'Angers.

Au reste, le commerce ne donne pas seul l'importance à une localité; elle la puise souvent aussi dans sa situation, dans sa population, et il est de fait incontestable qu'en 1837, lors de la première enquête, Arnage, qui compte actuellement 982 habitants, en offrait à peine 800.

Passons maintenant aux objections spéciales à chacune des communes de Spay, Moncé et Pontlieue.

Spay. — Ses habitants insistent sur la solidité de leur bac et sur la présence, à Arnage, d'un petit bateau qui opère le passage d'une rive à l'autre de la Sarthe.

Nous ne contestons pas la solidité du bac de Spay, mais il nous est impossible d'admettre que ce soit là un moyen facile de communication avec notre chef-lieu de commune.

Quant au frêle bateau de pêcheur dont on parle, il est situé sur la commune de Pontlieue et non sur celle de Spay; c'est un moyen de passage qui ne présente pas la moindre sûreté, surtout dans un des points où la Sarthe offre le plus de profondeur. Le propriétaire du bateau n'opère le passage de la rivière que moyennant une rétribution; il peut refuser ses services à qui bon lui semble; en outre, le propriétaire du terrain sur lequel sont abordés les passagers, souffre ce passage, mais ne l'a. jamais autorisé. Ce moyen de passage peut être comparé en tout point à celui qui existe au Gué-de-Maulny, au Mans, à l'époque des crues. Du reste, il n'abrége la distance qui sépare les bourgs de Spay et d'Arnage, que d'un quart de lieue.

Vouloir prétendre qu'avec de tels moyens Arnage peut en tout temps communiquer avec Spay, c'est vouloir nier les crues et les glaces. De telles objections contiennent avec elles leur réfutation, il suffit de les lire pour en connaître immédiatement la valeur.

Le conseil municipal, réuni aux plus imposés de la commune, à la majorité de onze voix contre sept, a émis le vœu qu'Arnage fût érigé en commune.

M. le commissaire enquêteur a pensé que son impartialité lui faisait un devoir de s'abstenir d'émettre son avis sur le projet des habitants d'Arnage.

La commission syndicale, composée de trois membres, a unanimement été d'avis qu'Arnage fût érigé en commune.

Moncé-en-Belin. — Aucune objection n'est formulée par les habitants de cette commune, mais en revanche M. le commissaire enquêteur, dans ses longues conclusions, semble s'être chargé d'en créer.

Contrairement à ce que M. le commissaire enquêteur a donné à entendre, la commune de Moncé s'avance jusque dans le bourg d'Arnage, elle sert de limite à nos jardins situés sur le côté gauche de la route de Paris à Nantes ; ses maisons les plus voisines du bourg d'Arnage n'en sont distantes que de cent mètres environ ; les terres que nous lui empruntons ne sont en majorité que de 3ᵉ ou 4ᵉ classe, tandis que Moncé gardera une étendue considérable, non de terres *arides ou peu fertiles*, mais de terres de 1ʳᵉ et de 2ᵉ classe (les environs du bourg, les Patoreries, le Grand-Bray, le Bignon, Follet, etc.).

Si Moncé redoit sur l'achat de son presbytère la somme de 852 francs, on ne peut pas prétendre que cette commune est endettée, car elle possède une somme de 3.200 francs qu'elle tient à sa disposition.

M. le commissaire enquêteur s'efforce, dans son ardeur évidente à défendre son canton, de démontrer que l'érection d'Arnage en commune nous entraînera forcément à plus de *treize mille* francs de frais. Voici la note assez curieuse des dépenses qu'il énumère :

1° Pour frais d'opération cadastrale............ 1,000 fr.
2° Pour frais de nouvelle administration........ 1,000
3° Pour acquisition d'une maison d'école........ 6,000
4° Pour agrandissement de l'église............. 2,000
5° Pour achat d'un cimetière nouveau.......... 1,500

6° Traitement de l'instituteur, supplément au traitement du desservant, à celui de l'instituteur et à
son logement................................. »

La réflexion seule fait voir l'exagération à laquelle s'est
laissé aller M. le commissaire enquêteur.

L'érection d'Arnage en commune n'occasionnerait point de
remàniement cadastral, elle nécessiterait seulement une délimitation de la nouvelle commune, travail qui serait opéré sans
frais pour Arnage, par les soins de MM. les employés des
contributions directes.

Arnage sera autorisé, comme l'ont été jusqu'à ce jour
Pontlieue et Moncé, à louer une maison commune et une maison
d'école, jusqu'à ce qu'il puisse les acheter avec les revenus de
ses centimes additionnels.

Quant à l'achat d'un nouveau cimetière et aux agrandissements de notre église, qui semblent mis là tout exprès pour
former la somme de 13,000 francs, nous dirons seulement
que le conseil de fabrique de la paroisse d'Arnage, qui perçoit
actuellement 1067 francs par an de la location des places de
l'église, pourra y pourvoir en temps opportun.

Le nombre de nos enfants qui fréquenteront la classe de
l'instituteur primaire pourra en grande partie, sinon complé-
tement, satisfaire à son traitement moyennant une faible
rétribution mensuelle par chaque élève appartenant à des
parents aisés.

M. le commissaire enquêteur est encore dans l'erreur quand
il dit que les contribuables de Moncé paient actuellement
12 centimes par franc pour les impositions communales, et
qu'ils pourront en payer le double une fois que la section de
Moncé sera aggrégée à la nouvelle commune. Les contribuables
de Moncé ne paient actuellement que 8 centimes par franc
pour les impositions communales; il est évident qu'il y a
exagération à dire que ces impositions s'élèveront au double
quand Arnage aura distrait un cinquième de cette commune.

C'est à tort qu'on veut comparer les positions de Guécélard
et Foulletourte à la nôtre. Ces deux bourgs ne dépendent point,
comme Arnage, de trois communes éloignées et de trois cantons
différents.

Il nous paraît difficile, pour ne pas dire impossible, d'expliquer légalement pourquoi deux des plus imposés de Moncé, habitant la section d'Arnage, n'ont pas été convoqués à prendre part à la délibération du conseil municipal réuni aux plus imposés, tandis que sept personnes, habitant en dehors de la section d'Arnage, ont été convoquées et admises à délibérer; cependant, la liste des plus imposés la plus récente que possède la mairie de Moncé, comporte vingt-quatre noms au nombre desquels se trouvent ceux des deux premières personnes et non ceux des sept dernières.

La commission syndicale, composée de trois membres, conclut unanimement à l'érection d'Arnage en commune.

Pontlieue. — Toutes les objections de Pontlieue se résument dans la protestation écrite de trois de ses habitants. Nous regrettons vivement que l'espace nous manque pour reproduire ici cette protestation, en regard de laquelle nous aurions désiré inscrire notre réfutation; nous allons suivre l'ordre adopté par ses auteurs pour répondre à toutes leurs objections, autres que celles auxquelles nous avons déjà répondu.

Si Arnage est lié à Pontlieue par une belle route nationale, la distance de près de sept kilomètres qui sépare ces deux bourgs n'en existe pas moins et fait que leurs relations sont bornées à celles que commande une stricte nécessité.

Si la distraction entière du territoire de Spay situé sur la rive gauche de la Sarthe, n'a pas été demandée par Arnage, ce n'est pas parce que le passage de la rivière dans un bac n'est pas un obstacle à nos communications avec le chef-lieu, mais parce que Arnage veut laisser à Spay, la moins considérable des communes qu'il attaque, les moyens de faire facilement face à ses dépenses communales, désire se renfermer, autant que possible, dans les limites de sa paroisse, ne prendre que des adhérents à son projet et laisser à Spay les habitants dont l'inconvénient du bac est compensé par la courte distance qui les sépare de ce bourg.

Si plusieurs communes ont un territoire aussi étendu que celui de Pontlieue, elles n'ont pas comme lui, à une distance de sept kilomètres de leur mairie, la moitié d'un village de 500 habitants.

Les fonctions du deuxième adjoint de Pontlieue se bornent, sous le rapport administratif,à celles d'un commissaire de police, puisque les déclarations de naissance, mariage, décès, etc., ne sont reçues qu'à la mairie, à Pontlieue.

Les réparations faites par Pontlieue à notre presbytère consistent dans la pose de quelques tirants en fer, dans la restauration qu'il vient d'y faire, et qu'il avoue regretter aujourd'hui.

Jamais Pontlieue n'a coopéré aux réparations de notre église que pour la somme de 132 fr. que le conseil municipal vota à cet effet en 1836.

Le supplément de 100 fr. fait au desservant d'Arnage par Pontlieue, n'a duré que quatre ou cinq ans et n'a été accordé qu'à la condition qu'Arnage coopérerait, pour sa part, à la somme de 200 fr. allouée chaque année comme supplément au traitement du curé de Pontlieue.

Puisqu'on a soin de faire valoir que Pontlieue a ouvert une souscription particulière pour la fonte des cloches d'Arnage, nous devons déclarer que cette souscription, en dehors d'Arnage, ne s'est pas élevée au delà de la modeste somme de 30 francs.

Il est vrai que deux institutrices sont venues se fixer à Arnage et qu'elles y prospèrent, mais il est vrai également que les parents des enfants qui fréquentent leurs classes, en outre de ce qu'ils paient à ces institutrices, contribuent par leurs centimes additionnels aux traitements et aux loyers des instituteurs et sœurs de Pontlieue, Spay et Moncé.

Les institutions excellentes de Mlle Olivier et de M. Chotard sont, quoi qu'on en ait dit, situées à 5 kilomètres d'Arnage, par conséquent nos enfants ne peuvent les fréquenter fructueusement qu'en qualité d'internes.

On nous dit que les habitants d'Arnage sont affranchis des prescriptions de l'article 55 du Code civil, qui prescrit au père de présenter son enfant pour le faire enregistrer. C'est une faveur qui est loin d'être spéciale à Arnage, et qui ne pourrait lui être refusée sans qu'il en résultât de graves dangers pour les enfants.

S'il est vrai qu'Arnage est d'un grand secours à Pontlieue pour lui aider à supporter ses charges, n'est-il pas malheureux pour lui de ne jouir d'aucun des avantages réservés uniquement à son chef-lieu trop éloigné ?

Il est étonnant que Pontlieue reproche à Arnage de ne posséder ni maison commune ni maison d'école, quand il est absolument dans le même cas.

Il est certain qu'Arnage érigé en commune deviendra une localité assez importante, pleine de vie, et pourra facilement faire face à ses dépenses communales avec ses revenus ordinaires et la souscription de 1980 francs faite en faveur de son érection.

M. le commissaire enquêteur reconnaît que la demande d'Arnage est fondée, que ce village a fait des sacrifices pour son érection en commune, qu'il serait préférable pour ses habitants d'avoir une administration communale chargée de veiller à leurs intérêts et nommée par eux, que de dépendre de trois communes et de trois cantons différents. Il ajoute que c'est avec regret qu'il ne peut donner un avis favorable à cette demande, par le seul motif qui ressort clairement de ses conclusions, que Pontlieue, sans Arnage, ne pourrait faire face à ses dépenses communales.

Nous déplorons que cette considération seule ait pu changer l'avis de M. le commissaire enquêteur, car, comme nous l'avons établi précédemment, le chemin de fer de l'Ouest promet un avenir riche et prochain à Pontlieue.

D'un autre côté, n'est-il pas malheureux injuste même, que la prospérité d'Arnage, qui s'est créé lui-même, sans aucun secours extérieur, et qui ne doit son existence qu'à son travail, soit entravée par la pauvreté des ressources de Pontlieue, qui possède cependant une étendue considérable de territoire, de belles fermes, de nombreux propriétaires et plusieurs fabriques importantes ? Nous bornons cependant l'emprunt que nous lui faisons de son territoire aux limites exactes de notre paroisse.

En répondant à la protestation des habitants de Pontlieue, nous avons presque entièrement répondu aux objections que renferme la délibération du conseil municipal et des plus imposés, cependant nous croyons devoir ajouter les considérations suivantes :

En disant que l'église d'Arnage vient d'être restaurée conve-
nablement, le conseil aurait dû ajouter, dans sa délibération ,
que cette restauration a eu lieu aux frais d'Arnage seul , que
Pontlieue y est étranger.

Le chiffre de 7,000 francs consigné pour achat , réparations
et augmentations de notre église , ne peut être contesté , car il
est plutôt au-dessous qu'au-dessus de la vérité.

Les fabriques de carreau de terre cuite que possède Arnage,
n'ont point été établies *là par hasard* , comme on le dit, mais
bien parce qu'elles y trouvent des conditions de prospérité.
Elles occupent un grand nombre de bras pendant neuf mois de
l'année, et empêchent que nous ayons, comme Pontlieue, des
pauvres dont l'existence fâcheuse est faite valoir comme un
argument contre nous.

La commission syndicale, composée de cinq membres, après
avoir réfuté les objections soulevées dans l'enquête contre le
projet des habitants d'Arnage , est d'avis , à l'unanimité ,
qu'Arnage soit érigé en commune.

RÉSUMÉ.

Nous désirons ardemment avoir fixé l'attention du conseil général sur les points suivants :

L'importance d'Arnage, les inconvénients de sa situation anormale et sans exemple, les distances qui le séparent de ses chefs-lieux de commune avec leurs difficultés et leurs dangers pour les communications ; les charges qui pèsent lourdement sur lui sans qu'il puisse en tirer le moindre bénéfice ; ses prétentions modestes relativement aux emprunts qu'il fait aux trois communes de Pontlieue, Spay et Moncé ; ses conditions d'érection en commune.

Nous croyons avoir démontré que les inconvénients attachés généralement à la création de nouvelles communes, n'existent pas pour Arnage ; que nous possédons tous les éléments consti-tutifs d'une facile et bonne administration ; que nous pourrons vivre aisément avec nos centimes additionnels, et que nous laissons aux communes auxquelles nous faisons des distractions, des ressources supérieures à leurs besoins communaux habituels.

Nous croyons également avoir prouvé que la persévérance d'Arnage ne tient point à un esprit d'entêtement ni à un puéril amour-propre de clocher, mais bien à un intérêt général réel, expliqué par les nombreux sacrifices que nous nous sommes imposés jusqu'à ce jour, et tout récemment par notre souscription. Notre unanimité à demander l'érection d'Arnage en commune, donne la certitude que le même esprit et les mêmes intérêts unissent intimement les habitants des trois sections dont se composerait la nouvelle commune, et que, de fait, Arnage est depuis longtemps leur chef-lieu.

L'achat de notre église paroissiale, la reconstruction de notre presbytère, la fréquence et la sympathie de nos relations démontrent ostensiblement notre besoin d'unité sous le rapport administratif et sous le rapport judiciaire.

Notre population, notre situation sur une grande route trèsfréquentée, notre voisinage de la ville du Mans font suffisamment ressortir l'utilité, nous pourrions dire la nécessité d'une administration civile capable de diriger nos habitants dont l'esprit sans guide a, jusqu'à ce jour, été abandonné à lui-même.

L'érection d'Arnage en paroisse a été pour nous un grand bienfait, son érection en commune en serait un plus grand encore. Notre commerce prendrait de l'étendue, comme le témoigne la pétition des habitants de Mulsanne.

Nous pensons avoir réfuté avantageusement les objections présentées à notre projet par les communes de Pontlieue, Spay et Moncé. La délibération du conseil muuicipal de Spay réuni à ses plus imposés, en émettant un avis favorable à la demande d'Arnage, prouve évidemment que l'érection d'Arnage en commune ne sera que l'accomplissement d'un grand acte de justice destiné à donner le bien-être à un millier de laborieux habitants.

Les trois commissions syndicales, toutes trois nommées à l'unanimité des suffrages de nos concitoyens, sont elles-mêmes unanimement favorables à l'érection d'Arnage en commune.

Par tous ces motifs, nous nous croyons en droit d'espérer que notre demande recevra, cette année, l'accueil favorable qu'elle nous semble mériter, et nous attendons avec confiance la décision du conseil général.

Signé : DUVAL. — J. LECOMTE. — GALBRUN. — J. GOURDIN. — DAVAZE. — HERVÉ fils. — GUIET. — C. TANCHOT. — GRASSIN fils. — J. PORTEBOEUF (membres des trois commissions syndicales.) (1)

(1) M. DURFORT a déclaré ne savoir signer.

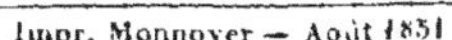

Impr. Monnoyer — Août 1851